essentials

essentials liefern aktuelles Wissen in konzentrierter Form. Die Essenz dessen, worauf es als „State-of-the-Art" in der gegenwärtigen Fachdiskussion oder in der Praxis ankommt. *essentials* informieren schnell, unkompliziert und verständlich

- als Einführung in ein aktuelles Thema aus Ihrem Fachgebiet
- als Einstieg in ein für Sie noch unbekanntes Themenfeld
- als Einblick, um zum Thema mitreden zu können

Die Bücher in elektronischer und gedruckter Form bringen das Expertenwissen von Springer-Fachautoren kompakt zur Darstellung. Sie sind besonders für die Nutzung als eBook auf Tablet-PCs, eBook-Readern und Smartphones geeignet. *essentials:* Wissensbausteine aus den Wirtschafts-, Sozial- und Geisteswissenschaften, aus Technik und Naturwissenschaften sowie aus Medizin, Psychologie und Gesundheitsberufen. Von renommierten Autoren aller Springer-Verlagsmarken.

Weitere Bände in der Reihe http://www.springer.com/series/13088

Stephan Euler

Java üben mit dem Plotter

Ein Überblick für Studierende und Einsteiger

 Springer Vieweg

Stephan Euler
Fachbereich MND
Technische Hochschule Mittelhessen
Friedberg, Deutschland

ISSN 2197-6708   ISSN 2197-6716   (electronic)
essentials
ISBN 978-3-658-23346-4   ISBN 978-3-658-23347-1   (eBook)
https://doi.org/10.1007/978-3-658-23347-1

Die Deutsche Nationalbibliothek verzeichnet diese Publikation in der Deutschen Nationalbiblio-
grafie; detaillierte bibliografische Daten sind im Internet über http://dnb.d-nb.de abrufbar.

Springer Vieweg
© Springer Fachmedien Wiesbaden GmbH, ein Teil von Springer Nature 2018

Springer Vieweg ist ein Imprint der eingetragenen Gesellschaft Springer Fachmedien Wiesbaden
GmbH und ist ein Teil von Springer Nature
Die Anschrift der Gesellschaft ist: Abraham-Lincoln-Str. 46, 65189 Wiesbaden, Germany

Was Sie in diesem *essential* finden können

- Eine Einführung, um mit dem Java-Plotter schnell Grafiken zu erstellen
- Kommentierte Beispiele mit Quell-Code
- Aufgaben zum Üben

Inhaltsverzeichnis

Einleitung

Java verfügt über eine umfangreiche Bibliothek von Klassen zur Grafikprogrammierung. Der Einstieg ist nicht wirklich schwierig, erfordert aber doch solide Grundkenntnisse. Andererseits ist es sicherlich motivierend, wenn man frühzeitig ansprechende grafische Darstellungen erzeugen kann. Dieser Gedanke ist der Ausgangspunkt für das Plotter-Projekt. Ziel ist es, eine möglichst einfache Schnittstelle zur grafischen Programmierung anzubieten. Bereits beim Einstieg in die Programmierung sollen erste grafischen Darstellungen wie z. B. Funktionsverläufe entstehen. Durch entsprechende Aufgaben kann damit der Umgang mit grundlegende Konzepten wie Variablen, Kontrollstrukturen, Methoden und Klassen geübt werden.

Kernstück des Projektes ist die Klasse `Plotter`. Ein `Plotter`-Objekt (vereinfacht gesprochen *ein Plotter*) dient als Hülle um die internen Zeichenmethoden. Gleichzeitig übernimmt es die Verwaltung der Daten. Im einfachsten Fall schickt man einige Werte an einen Plotter. Der Plotter speichert die Werte intern und erstellt daraus automatisch eine grafische Darstellung mit angepassten Wertebereichen.

Über den Schnell-Einstieg hinaus bietet der Plotter allerdings auch vielfältige Möglichkeiten zur Verfeinerung der Darstellungen. Man kann Texte hinzufügen, Fonts, Zeichenstile und Farben ändern oder sogar Bilder einbauen.

Der Komfort ist allerdings nicht ganz umsonst. Der zusätzliche Rechen- und Speicheraufwand hält sich jedoch meistens in Grenzen und wirkt sich nur bei sehr großen Datenmengen störend aus. Schwerwiegender ist, dass in manchen Situationen die interne Organisation des Plotters nicht optimal zur Aufgabenstellung passt. Eine Lösung unter direkter Verwendung der Java-Bibliothek ist dann einfacher. Der Plotter kann – und soll auch gar nicht – die Einarbeitung in die GUI-Programmierung ersetzen. Aber er bietet einen einfachen Einstieg und soll beim Erlernen von Java helfen.

© Springer Fachmedien Wiesbaden GmbH, ein Teil von Springer Nature 2018
S. Euler, *Java üben mit dem Plotter*, essentials,
https://doi.org/10.1007/978-3-658-23347-1_1

Das zweite Kapitel dient als Überblick über die Möglichkeiten des Plotters. Anhand typischer Einsatzfälle wird die grundsätzliche Verwendung gezeigt. Im darauf folgenden Kapitel werden an Beispielsanwendungen weiterführende Möglichkeiten gezeigt. Schließlich enthält das letzte Kapitel Aufgaben zum eigenen Erproben. Weitere Informationen findet man auf den zugehörigen Web-Seiten unter https://go.thm.de/java-plotter.

Plotter

2

Die Klasse `Plotter` bietet einfache Möglichkeiten zur graphischen Darstellung. Dadurch ist es Java-Anfängern möglich, frühzeitig auch ohne entsprechende Spezialkenntnisse ansprechende Anwendungen zu realisieren. Der Schwerpunkt liegt dabei weniger auf ausgefeilten Darstellungsmöglichen. Vielmehr soll der Einstieg möglichst einfach und intuitiv sein. Im folgenden werden zunächst anhand einiger Beispiele die prinzipielle Möglichkeiten gezeigt.

2.1 Erste Beispiele

Die Klasse `Plotter` ist im wesentlichen dazu gedacht, Kurven zu zeichnen. Als Einstieg zeigt Listing 2.1 eine einfache Klasse mit einer Methode `main()` zur Darstellung der Funktion $sin(x)$ im Bereich $[-\pi, \pi]$. Zur besseren Übersicht können in Java die Klassen auf mehrere Pakete *(Package)* aufgeteilt werden. Die direkt zu Plotter gehörenden Klassen finden sich in einem Paket `plotter`. Demgegenüber sind die Beispiele in einem Paket `demos` zusammengefasst. Wie in Zeile 1 festgelegt, gehört auch das erste Beispiel zu diesem Paket. Um auf die beiden benötigten Klassen aus dem Paket `plotter` direkt zugreifen zu können, werden sie importiert.

Die eigentliche Verarbeitung erfolgt in der `main`-Methode. Zunächst wird ein Objekt der Klasse `Graphic` angelegt. Sie erstellt ein Hauptfenster und darin eingebettet ein `Plotter`-Objekt sowie eine Statuszeile. Man kann einen Plotter auch in eigene Anwendungen einbauen. Aber zur Vereinfachung übernimmt in unseren Beispielen das `Graphic`-Objekt diese Aufgabe. Den implizit erzeugten Plotter erhält man über eine Getter-Methode.

Nach diesen Vorbereitungen können wir Datenpunkte eingeben. Im Beispiel werden in einer Schleife Werte der Funktion $sin(x)$ mit der Methode `add()` an

© Springer Fachmedien Wiesbaden GmbH, ein Teil von Springer Nature 2018   3
S. Euler, *Java üben mit dem Plotter,* essentials,
https://doi.org/10.1007/978-3-658-23347-1_2

Listing 2.1 Erstes Beispiel

```java
package demos;

import plotter.Plotter;

public class Demo1 {
    public static void main(String[] args) {
        Graphic graphic = new Graphic("Demo_1");
        Plotter plotter = graphic.getPlotter();

        for(double x = -Math.PI; x <= Math.PI; x += 0.01) {
            plotter.add(Math.sin(x));
        }
        graphic.repaint();
    }
}
```

den Plotter übergeben. Wenn wie in dieser Form nur y-Werte übergeben werden, übernimmt der Plotter eine automatische Nummerierung. Die eingegebenen Werte werden daher intern zu Wertepaaren in der Form

$$
\begin{array}{ll}
x & y \\
\hline
0 & \sin(-\pi) \\
1 & \sin(-\pi + 0.01) \\
2 & \sin(-\pi + 0.02) \\
\cdots & \cdots \\
\end{array}
$$

ergänzt. Sind alle Daten eingegeben, wird mit dem Aufruf der Methode `repaint()` eine Aktualisierung ausgelöst. Dabei berechnet der Plotter anhand der vorliegenden Daten den darzustellenden Bereich und trägt die Punkte dort ein. Abb. 2.1 zeigt das resultierende Fenster.

Das Beispiel zeigt, wie man mit minimalem Aufwand – einfach durch Eintragen von Werten – mit einem Plotter eine graphische Darstellung erhält. Aber selbst bei einfachen Programmierübungen wird man schnell eine verfeinerte Darstellung wünschen. Die Klasse `Plotter` stellt dazu eine ganze Reihe von Methoden zur Verfügung. Ausgehend von unserem ersten Beispiel werden wir zunächst einige Möglichkeiten durchgehen. Eine detailliertere Beschreibung folgt im Abschn. 2.4.

In unserem Beispiel wird durch die automatische Nummerierung als x-Bereich 0 bis 628 angegeben. Schöner wäre es, den tatsächlichen Bereich von $-\pi$ bis $+\pi$

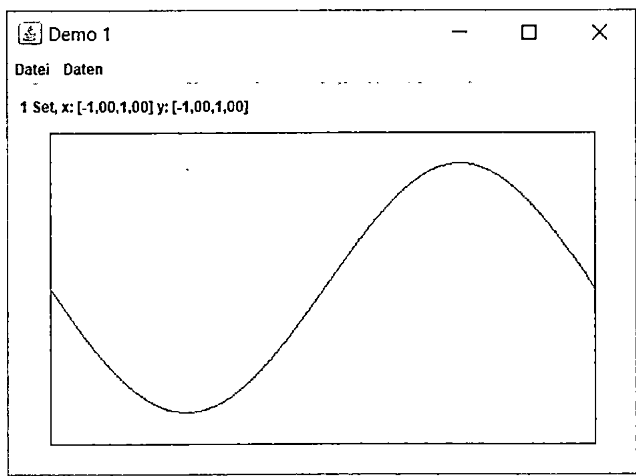

Abb. 2.1 Erstes Beispiel für Plotter

zu verwenden. Dazu muss man lediglich beim Eingeben der Werte die zugehörigen x-Werte mitgeben. Für diesen Fall gibt es die Version add(**double** x, **double** y) der Methode mit zwei Parametern. Den entsprechend geänderten Code zeigt Listing 2.2.

Bei dieser Gelegenheit wird auch der Darstellungsbereich angepasst und die Achsen werden beschriftet. Im einzelnen werden folgende Erweiterungen vorgenommen:

- Der x-Bereich wird um den Faktor 1.1 auf -1.1π bis $+1.1\pi$ vergrößert.
- Die Hauptachsen werden eingezeichnet.
- Für die y-Achse wird eine Unterteilung in Schritten von 0.25 gewählt.
- Auf der x-Achse werden die Punkte $-\pi$, $-\pi/2$, 0, $\pi/2$, π markiert. Die entsprechenden Werte werden als Feld übergeben.
- Für die Beschriftungen an der x-Achse sollen zwei Nachkommastellen angezeigt werden. Plotter verwendet das angegebene Format mit der Methode `printf`, um die Achsbeschriftungen zu erzeugen.

Die so ergänzte Darstellung zeigt Abb. 2.2

Listing 2.2 Erweiterte Version mit x-Werten und Achsbeschriftungen

```java
Graphic  graphic  = new Graphic("Demo_2");
Plotter  plotter  = graphic.getPlotter();

plotter.setXrange(-Math.PI * 1.1, Math.PI * 1.1);
plotter.setXLine(0);
plotter.setYLine(0);
plotter.setAutoYgrid(0.25);
double[] xgrid = { -Math.PI, -1, 0, 1, Math.PI };
plotter.setXLabelFormat("%.2f");
plotter.setXGrid(xgrid);

for (double x = -Math.PI; x <= Math.PI; x += 0.01) {
    plotter.add(x, Math.sin(x));
}
graphic.repaint();
```

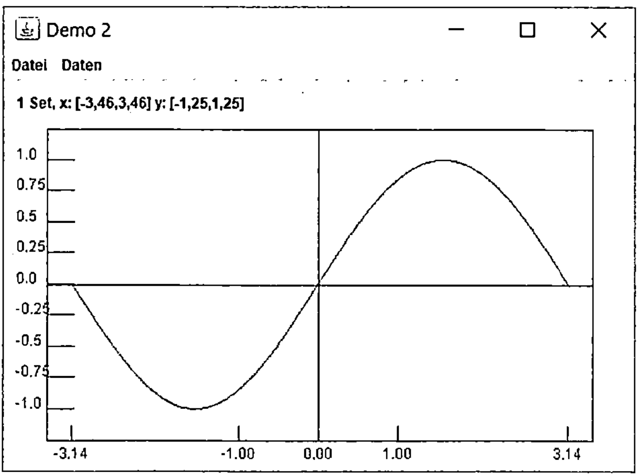

Abb. 2.2 Darstellung durch Klasse Demo2

2.2   Datensätze

Im nächsten Schritt soll zusätzlich die Cosinus-Funktion im gleichen Bereich dargestellt werden. Um beide Verläufe zu trennen, werden die beiden Datensätze getrennt
gehalten. Ein Plotter kann mehrere Datensätze verwalten. Dabei verfügt jeder Datensatz über eigene Werte für Farbe, Zeichenstil, ... Eine Möglichkeit ist, nach
dem ersten Daten mit der Methode `nextDataSet()` den Beginn eines zweiten
Datensatzes anzuzeigen. Mit dem Aufruf dieser Methode wird automatisch in Plotter ein neuer Datensatz angelegt. Nachfolgende Aufrufe von `add()` werden dann
automatisch diesem neuen Datensatz zugeordnet. Mit dann zwei Schleifen lässt sich
schreiben:

```
for (double x=-Math.PI; x<= Math.PI;   x+=0.01) {
    plotter.add( x,  Math.sin(x) );
}
plotter.nextDataSet();
for (double x=-Math.PI; x<= Math.PI;   x+=0.01) {
    plotter.add( x,  Math.cos(x) );
}
```

Das funktioniert, ist aber nicht besonders elegant. Für eine kompaktere Lösung
kann man gezielt Datensätze ansprechen. Dazu wird der Name des Datensatzes als
zusätzlicher Parameter beim Aufruf von `add` angegeben. Aus dem Beispiel wird
dann

```
for (double x=-Math.PI; x<= Math.PI;   x+=0.01) {
    plotter.add("sin", x,  Math.sin(x) );
    plotter.add("cos", x,  Math.cos(x) );
}
```

mit zwei Datensätzen *sin* und *cos*. Allgemein gilt für Datensätze:

- Zu Beginn wird der interne Zähler für Datensätze auf *0* gesetzt. Der zugehöri-
  ge Datensatz gilt als aktuell, wird aber erst mit dem ersten Zugriff tatsächlich
  angelegt.
- Wechselt man mit der Methode `nextDataSet()` zu einem anderen Datensatz,
  gilt dieser als aktuell.
- Beim Aufruf von `add()` ohne Bezeichnung wird der aktuelle Datensatz verwendet.
- Beim Aufruf mit einem Bezeichner für einen Datensatz wird der Wert diesem
  Datensatz zugeordnet. Er wird damit aber nicht zum aktuellen Datensatz.

- Falls ein angesprochener Datensatz noch nicht vorhanden ist, wird er neu angelegt.
- Die intern automatisch generierten Datensätze werden fortlaufend nummeriert. Die Zählung beginnt mit *0*, beim Aufruf von `nextDataSet()` wird die nächstgrößere freie ganze Zahl gewählt.

Ob ein Datensatz explizit mit einem Namen ausgewählt wird oder einen automatisch generierten Namen erhält spielt bei der Verwendung keine Rolle. Die internen Namen sind lediglich als Vereinfachung bei der Programmierung gedacht. Falls des Zugriff über den Namen nicht benötigt wird – im einfachsten Fall weil nur ein einziger Datensatz verwendet wird – braucht kein Name vergeben zu werden. Umgekehrt könnte man auch über die generierten Namen auf Datensätze zugreifen. Allerdings wäre der Code dann vom internen Algorithmus zur Namensvergabe abhängig.

Ein Datensatz wird intern durch eine Instanz der Klasse `DataObject` repräsentiert. Im wesentlichen besteht er aus einer Folge von Wertepaaren (x, y), ergänzt durch Informationen zur Darstellung wie Farbe und Linienart. Mit folgenden Methoden lassen sich Wertepaare hinzufügen und löschen:

Methode	Funktionsweise
void add(**double** x, **double** y)	fügt das Wertepaar (x, y) an
void addD(**double** dx, **double** dy)	aus dem letzten Wert (x, y) wird $(x + dx, y + dy)$ berechnet und angehängt
void add(**double[]** feld)	fügt alle Werte aus dem übergebenen Feld an
void removeOld(**int** n)	löscht die ersten n Werte

void setxOffset (**double** xOffset) **double** getxOffset()
void setyOffset (**double** yOffset) **double** getyOffset()

Um alle Punkte eines Datensatzes gemeinsam zu verschieben, können Offset-Werte für x- und y-Richtung gesetzt werden. Mit den vier Methoden lassen sich die entsprechenden Werte setzen und auch wieder abfragen. Im Beispiel *LineStyle Demo* (Abschn. 3.1) wird diese Möglichkeit genutzt, um einen festen Satz von Werten mehrfach nebeneinander versetzt zu zeichnen. Von allen diesen Methoden gibt es jeweils noch eine Variante mit dem Namen des Datensatzes als zusätzlichen Parameter. In der Regel genügen die Methoden in der Klasse `Plotter` für alle Zugriffe auf die `DataObject`-Instanzen. Falls doch einmal erforderlich, erhält man mit

DataObject getDataObject()
DataObject getDataObject(String key)

eine Referenz auf das aktuelle oder ein spezielles `DataObject`.

2.3   Text

Mit der Methode

TextObject setText(String s, **double** x, **double** y)

wird eine Zeichenkette an eine vorgegebene Position geschrieben. Im folgenden Code-Abschnitt wird als Beispiel der Text *Hallo Friedberg* sowie die Position (0, 0) verwendet. Zur Orientierung werden zusätzlich die beiden Achsen eingezeichnet. Wie Abb. 2.3 zeigt, wird der Text um die angegebene Position zentriert.

```
// Gr\"{o}{\ss}e des Fensters und Darstellungsbereich
plotter.setPreferredSize( new Dimension(300,300));
plotter.setRange( −4, 4 );
graphic.pack();


// Linien durch Ursprung
plotter.setXLine(0);
plotter.setYLine(0);


// jetzt Text einzeichnen
plotter.setText( "Hallo␣Friedberg", 0, 0 );
```

Die Methode gibt eine Referenz auf ein `TextObject` zurück. Über diese Referenz kann man Farbe und Font ändern. Mit

```
TextObject t2 = plotter.setText( "T␣E␣S␣T", 0, 2 );
t2.setColor( Color.BLACK);
t2.setFont( new Font("Arial", Font.BOLD, 16) );
```

wird ein zweiter Text eingetragen, wobei anschließend Farbe und Font geändert werden (Abb. 2.3b). Alternativ kann man auch bei zwei Varianten von setText() direkt Farbe oder Farbe und Font angeben. Jedes Text-Objekt beinhaltet die Informationen über seine Farbe und den Font. Beide Informationen lassen sich abfragen und auch dynamisch ändern. Diese Möglichkeit wird in

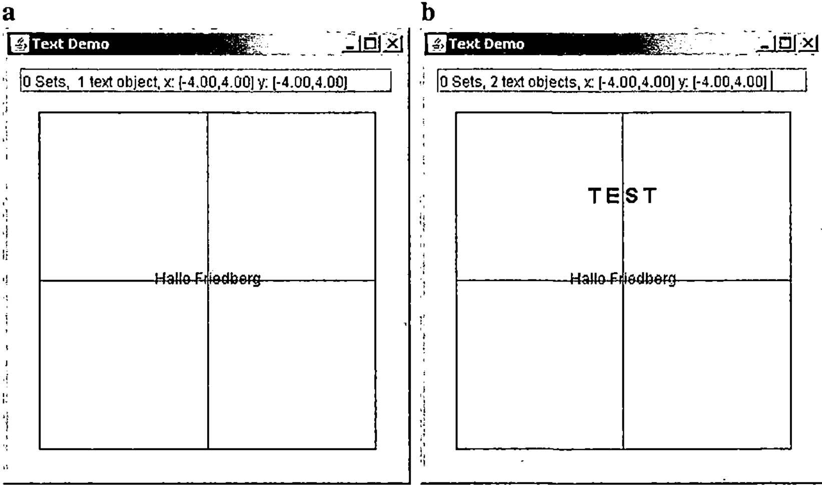

Abb. 2.3 **a** Standard-Ausgabe eines Textes. **b** Ausgabe mit vorgegebener Farbe und Font

```
Font font = new Font("Arial", Font.BOLD, 16);
TextObject t2 = plotter.setText( "T.E.S.T", 0, 2,
                    Color.BLACK, font );
for( int size=8; size<60; size += 1 ) {
    Font f = t2.getFont();
    t2.setFont( f.deriveFont((float) size));
    Sleep.sleep(200);
    graphic.repaint();
}
```

genutzt, um einen Text langsam anwachsen zu lassen. Die Methode `sleep()` aus der Hilfsklasse `Sleep` hält die Anwendung für entsprechend viele Millisekunden an. Damit können einfache Animationen realisiert werden. Beispielsweise kann man auch Texte verschieben. Die Koordinaten x und y des Mittelpunktes können über Getter und Setter abgefragt und neu gesetzt werden. Zur Vereinfachung stehen die beiden Methoden

- **void setXY(double x, double y)**
- **void moveXY(double dx, double dy)**

Abb. 2.4 Text mit
unterschiedlicher
Ausrichtung

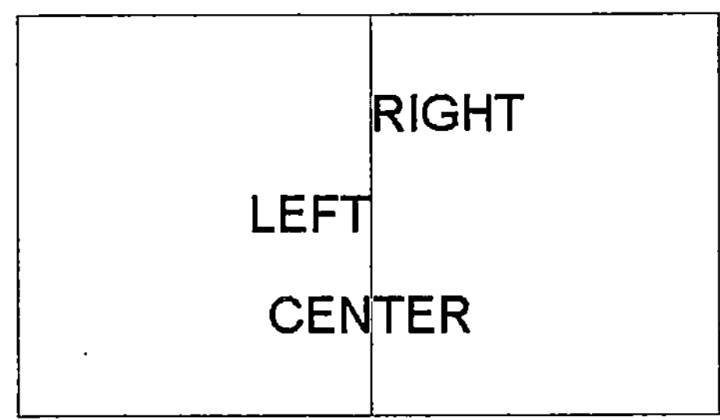

zur Verfügung. Damit werden entweder beide Koordinaten gleichzeitig neu gesetzt
oder um die angegebenen Werte dx und dy verschoben. In manchen Fällen soll
der Text nicht zentriert sondern links oder rechts bündig gesetzt werden. Dies kann
über eine Eigenschaft `orientation` eingestellt werden. Der Code

```
TextObject to;
to = plotter.setText("CENTER", 0, -.5);
```

```
to = plotter.setText("LEFT", 0, 0);
to.setOrientation( TextObject.LEFT);
```

```
to = plotter.setText("RIGHT", 0, 0.5);
to.setOrientation( TextObject.RIGHT);
```

mit dem Ergebnis in Abb. 2.4 zeigt diese Möglichkeit.

Die Methode **boolean** removeText(String text) entfernt das erste gefundene
Textobjekt mit dem angegebenen Inhalt. Der Wert **false** wird zurückgegeben, falls
kein solches Objekt gefunden wurde. Falls alle Vorkommen eines Textes gelöscht
werden sollen, kann dies in einer Schleife in der Art

```
while( plotter.removeText("hallo") ) {}
```

erfolgen. Mit removeAllText() werden alle Texte gelöscht.

2.4   Verfeinerte Darstellung

Die beschriebenen Möglichkeiten erlauben es, schnell und einfach graphische Darstellungen zu erstellen. In vielen Fällen gewinnt allerdings die Darstellung durch
eine gezielte Anpassung. Einige Möglichkeiten wurden bereits bei den bisherigen

Beispielen gezeigt. In diesem Kapitel werden weitere in Plotter eingebauten Optionen vorgestellt.

2.4.1 Linien

Standardmäßig werden die Datenpunkte mit einer Linie verbunden. Über die Methode `setDataLineStyle(LineStyle lineStyle)` können Alternativen gesetzt werden. Wie üblich wirkt die Methode auf den aktuellen Datensatz. Bei Bedarf kann in einer zweiten Varianten der Name eines Datensatzes explizit angegeben werden. Die möglichen Stile sind in der Klasse `LineStyle` definiert. In der Abb. 2.5 sind für den Datensatz 0, 3, 9, 0 die resultierenden Darstellung zusammen gestellt. Der vollständige Quellcode für das Beispiel steht im Anhang (3.1). Die meisten Stile sollten weitgehend selbsterklärend sein. Ansonsten gilt:

DOT
: ein einzelner Punkt (Pixel) pro Datenpunkt. Im Beispiel sind die vier Punkt allerdings nur schlecht zu erkennen. Diese Darstellung ist eher sinnvoll, wenn man viele Punkte in der Ebene eintragen möchte (siehe Übung 4.13).

SYMBOL
: der Datenpunkt wird durch einen Kreis repräsentiert. Die Größe der Kreise kann mit setSymbolSize(**int** symbolSize) (Angabe in Pixel) variiert werden.

FILL
: die Methode fill der Java-Bibliothekslasse Graphics2D wird auf den durch die Datenpunkte definierten Polygonzug angewendet. Bei einem geschlossenen Polygonzug wird das Innere ausgefüllt, ansonsten die Fläche über der x-Achse.

VALUE
: der y-Wert wird als Zahl an die entsprechende Position geschrieben.

COORD
: die Koordinaten werden an die entsprechende Position geschrieben.

STAR
: der erste Punkt definiert den Mittelpunkt, alle folgenden Punkte werden sternförmig durch eine Linie mit diesem Mittelpunkt verbunden.

HIDDEN
: die Werte werden nicht dargestellt. Damit kann man unsichtbare Punkte setzen, um den Wertebereich zu beeinflussen. Außerdem können komplette Datensätze damit leicht ausgeblendet werden.

Nicht in der Abbildung enthalten sind die beiden Stile `YIMPULS` und `YHISTOGRAM`, bei denen die Linien an der y-Achse beginnen und waagrecht verlaufen. Mit der Methode `addDataLineStyle(LineStyle lineStyle)` wird für den aktuellen Datensatz ein weiterer Zeichenstil aktiviert. So führt der Aufruf

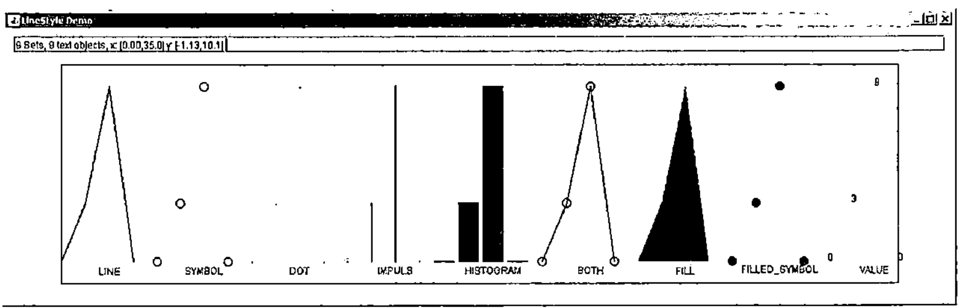

Abb. 2.5 Verschiedene Werte von LineStyle

```
plotter.addDataLineStyle(LineStyle.COORD);
```

dazu, dass zusätzlich zu einem eventuell schon eingestellten Zeichenstil die Koordinaten der einzelnen Punkte eingetragen werden. Umgekehrt löscht die Methode setDataLineStyle alle vorhandenen Zeichenstile und setzt nur einen neuen. Das Zeichnen der Linien kann in den zugrunde liegenden Java-Bibliotheksmethoden mittels eines Stroke-Objektes variiert werden. Mit der Methode setDataStroke(Stroke s) kann dementsprechend für jeden Datensatz ein solches Objekt übergeben werden. Beispielsweise wird mit der Anweisung

```
plotter.setDataStroke(new BasicStroke(5.f));
```

die Breite der Linie auf den Wert 5 gesetzt. Die Klasse BasicStroke ist in der Java-Dokumentation beschrieben. Da sie nicht spezifisch für Plotter ist, wird sie hier nicht näher erläutert. Vielmehr beschränken wir uns auf ein weiteres, etwas komplexeres Beispiel. Im folgenden Code-Abschnitt

```
float[] dash = { 20, 10, 10, 10 };
Stroke s = new BasicStroke(3.f, BasicStroke.CAP_BUTT,
          BasicStroke.JOIN_ROUND, 0, dash, 0);
plotter.setDataStroke(s);
```

wird durch die Vorgaben in Feld dash eine gestrichelte Linie in der Art (nicht mit exakten Größenverhältnissen) — — —— — festgelegt. Das vollständige Beispiel ist unter *Linienarten* auf der Webseite abgelegt.

2.4.2 Farben

Jeder Datensatz hat eine eigene Farbe. Standardmäßig wird jedem Datensatz beim Anlegen eine neue Farbe aus einer Auswahl von derzeit 6 Farben zugewiesen. Dieses Verhalten wird über eine interne Variable gesteuert. Mit den beiden Methoden

boolean isAutoIncrementColor()
void setAutoIncrementColor(**boolean** autoIncrementColor)

kann die automatische Farbzuweisung geprüft und geändert werden. Wird sie ausgeschaltet, so erhalten alle weiteren Datensätze eine feste Standardfarbe. Ansonsten kann mit setDataColor(Color color) die Farbe des aktuellen Datensatzes verändert werden. Im Beispiel

```
plotter.setDataColor(Color.GREEN);
plotter.setDataColor("c", new Color(200,0,0 ));
```

wird zunächst für den aktuellen Datensatz mit der Konstanten GREEN aus der Klasse Color die Farbe Grün gewählt. Alternativ kann man ein neues Color-Objekt übergeben. Im Beispiel wird ein Konstruktor eingesetzt, bei dem die Werte für die drei Komponenten Rot, Grün und Blau als Zahlen zwischen 0 und 255 angegeben werden. Damit wird für den Datensatz mit dem Schlüssel c ein kräftiges Rot ohne Anteile der anderen Farben eingestellt.

2.4.3 Darstellungsbereich und Achsbeschriftung

Ohne weitere Angaben berechnet ein Plotter automatisch aus den eingegebenen Daten den Darstellungsbereich. Stattdessen können mit folgenden Methoden die x- und y-Bereiche festgelegt werden:

void setRange(**double** min, **double** max)
void setXRange(**double** min, **double** max)
void setYRange(**double** min, **double** max)

Wurde mit einer dieser Methoden ein Bereich festgelegt, so ist die automatische Berechnung ausgeschaltet. Insbesondere wird nicht überprüft, ob alle Datenpunkte innerhalb des Bereichs liegen. Die Methode clearRange() schaltet wieder zurück zur automatischen Berechnung.

    Diagramme lassen sich durch Gitternetzlinien *(grid)* unterteilen. Weiterhin können an den Achsen Skalenstriche *(ticks* oder *tics)* angebracht und mit Beschriftungen *(labels)* versehen werden. Im Plotter wird nicht streng zwischen Gitternetzlinien und

Skalenstriche unterschieden. Im folgenden sind die entsprechenden Methoden zusammengestellt. Wie die `setRange`-Methoden folgen sie einem festen Schema. Es gibt jeweils eine eigene Variante für x und y sowie eine zur einheitlichen Festlegung von beiden. Zur Vereinfachung bezieht sich der Text im weiteren nur auf die gemeinsame Variante.

- setAutoGrid(**double** autoGrid)! Fügt Skalenstriche mit dem angegebenen Abstand ein.
- setGrid(**double[]** g) Zeichnet an den Werten im Feld g Skalenstriche.
- setLabel(String [] **label**) Die übergebenen Zeichenketten werden zur Beschriftung der Skalenstriche verwendet. Standardmäßig werden die Zahlenwerte eingetragen.
- setLabelFormat(String format) Wenn ein Format gesetzt ist, wird die Achsenbeschriftung für einen Wert w durch Aufruf der Methode String.format(format, w) generiert. Ansonsten wird sie einfach mit + w erstellt.
- setLine(double w)! An dem angegebenen Wert wird eine horizontale beziehungsweise vertikale Linie eingetragen. Diese Methode kann mehrfach aufgerufen werden, um mehrere Linien zu erhalten.
- setTicRelSize(**double** proz) Standardmäßig richtet sich die Länge der Skalenstriche nach der Fenstergröße. Mit dieser Methode wird diese relative Größe als Prozentwert gesetzt. Bei `proz = 1` werden die Skalenstriche zu Gitterlinien.
- setTicAbsSize(**int** size) Alternativ kann hiermit eine feste Größe (Angabe in Pixel) für die Skalenstriche eingestellt werden.

Das Beispiel `GridDemo` auf der Webseite zeigt den Einsatz dieser Möglichkeiten.

2.4.4   Löschen von Werten und Texten

Eine Reihe von Methoden stehen zur Verfügung, um einzelne Punkte, ganze Datensätze oder Texte wieder zu löschen. Im einzelnen sind dies

- removeOld(**int** n) Löscht die n ältesten Werte des aktuellen Datensazes
- removeOld(String key, **int** n) das gleiche, aber für einen speziellen Datensatz
- removeNew(**int** n) Löscht die n neuesten Werte des aktuellen Datensazes
- removeNew(String key, **int** n) das gleiche, aber für einen speziellen Datensatz
- removeAll( ) Löscht alle Werte des aktuellen Datensazes
- removeAll(String key) das gleiche, aber für einen speziellen Datensatz
- removeDataObject(String key) Ein kompletter Datensatz wird entfernt.

- removeAllDataObjects() Alle Datensätze werden entfernt.
- removeText(String string) Das erste Textobjekt mit dem angegebenen Inhalt wird gelöscht.
- removeText(**double** x, **double** y) Das erste Textobjekt an der angegebenen Position wird gelöscht.
- removeAllText() Alle Textobjekte werden gelöscht.

Schließlich kann durch eine entsprechende Methode der Klasse `DataObject` auch ein einzelner Punkt gelöscht werden. Der folgende Code-Abschnitt zeigt, wie für gegebene Koordinaten (wx, wy) der nächstgelegene Punkt gesucht und anschließend entfernt wird:

```
DataObject dO = plotter.getDataSet();
Point next = dO.findNext( wx, wy );
dO.remove(next);
```

(Beispiel aus Maus-Demo 3.2).

2.4.5 Bilder

Bei Anwendungen wie Spiele möchte man oft Bilder zur Darstellung von Spielelementen wie Felder oder Figuren verwenden. Im Projekt Plotter steht dazu eine Klasse `ImageObject` bereit. Eine Instanz dieser Klasse enthält ein `Image`-Objekt sowie die dazu gehörige Position. Intern verwaltet ein Plotter eine Liste mit solchen Bildern. Derzeit sind lediglich zwei Methoden zum Einfügen von Bildern implementiert:

```
ImageObject setImage(String name, double i, double j)
ImageObject setImage(Image image, double i, double j)
```

Entweder man übergibt einen Dateinamen oder ein bereits vorhandenes `Image`-Objekt zusammen mit den Koordinaten des Mittelpunktes. Beide Methoden geben die Referenz auf ein `ImageObject` zurück. Falls die Datei nicht geladen werden kann, ist der Rückgabewert wie üblich `null`. Mit den üblichen Getter- und Setter-Methoden kann die Position eines Bildes abgefragt und verändert werden. Der folgende Code-Abschnitt zeigt die Bewegung eines Bildes in 20 Schritten:

```
String filename = "bild.png";
ImageObject io = plotter.setImage(filename, 1, 1);

double delta =0.1;
for( int t=0; t<20; t++ ) {
    io.setX(io.getX()+delta);
    io.setY(io.getY()+delta);
    graphic.repaint();
    Sleep.sleep(200);
}
```

2.4.6 Ein Plotter ist ein JPanel

Die Klasse Plotter ist von der Bibliotheksklasse JPanel abgeleitet. Damit stehen auch alle öffentlichen Methoden dieser Klasse und ihrer Eltern zur Verfügung. Beispielsweise werden mit

```
plotter.setPreferredSize(new Dimension(340, 340));
plotter.setBackground(Color.WHITE);
```

die Größe und die Hintergrundfarbe eingestellt. Für interaktive Anwendungen können die diversen Listener gesetzt werden. In der Maus-Demo 3.2 werden in Abhängigkeit von Maus-Klicks Punkte gelöscht oder – bei gedrückter Umschalt-Taste – eingefügt. Dazu wurde mit

```
plotter.addMouseListener(this);
```

der entsprechende Listener registriert.

2.4.7 Koordinatensystem

Dem Plotter zugrunde liegt ein Koordinatensystem mit dem kleinsten Wert links unten. Alle Datenpunkte sowie die Mittelpunkte von Texten oder Bildern werden in diesen so genannten Weltkoordinaten angegeben. Die Grenzen des Koordinatensystems werden entweder automatisch aus den Werten berechnet oder können mit einer der setRange Methoden vorgegeben werden. Intern verwenden die Klassen aus der Java-Bibliothek ein Koordinatensystem, bei dem der Ursprung (0, 0) links oben liegt. Bei diesen Gerätekoordinaten liegen positive Werte dann in X-Richtung rechts und in Y-Richtung unten. Etwas vereinfacht entspricht bei der Darstellung am Bildschirm eine Einheit einem Pixel. Die Weltkoordinaten werden als double-Werte mit entsprechender Genauigkeit gespeichert. Die Gerätekoordinaten sind demgegenüber als int-Werte immer ganze Zahlen.

Der Plotter übernimmt die Umrechnung der Weltkoordinaten in die Gerätekoordinaten. Ändert man die Größe des Fenster auf dem Bildschirm, wird die Transformation automatisch angepasst. Daten, Texte und Bilder werden dadurch immer in der gleichen Relation zum Gesamtbild positioniert. Allerdings gibt es auch Größen, die direkt in Gerätekoordinaten angegeben werden. Hierzu zählen zunächst Fonts. Die Schriftgrößen werden bei Änderungen der Fenstergrößen nicht automatisch angepasst. Diesen Effekt zeigt Abb. 2.6. Entsprechend verhalten sich die Symbole beim Zeichenstil SYMBOL – die Größe kann mit setSymbolSize(**int** symbolSize) gesetzt werden – sowie Bilder. Andererseits wird die Länge der Skalenstriche sowie die Breite der Säulen im Stil HISTOGRAM dynamisch an die Fenstergröße angepasst.

Intern wird das Methodenpaar

int scaleX(**double** d)
int scaleY(**double** d)

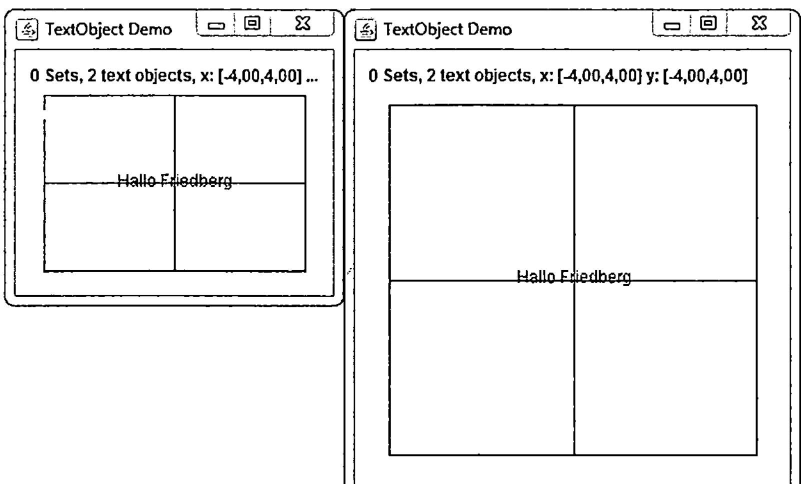

Abb. 2.6 Konstante Schriftgröße

zur Umrechnung der Welt- in Gerätekoordinaten verwendet. Diese Methoden sollten die Anwender eigentlich nie benötigen. Dagegen muss im Beispiel Maus-Demo 3.2 aus den beim Mausklick gemeldeten Gerätekoordinaten auf die Weltkoordinaten zurück gerechnet werden. Dazu stehen die beiden Methoden

double scaleXR(**int** i)
double scaleYR(**int** i)

zur Verfügung. Der folgende Codeausschnitt zeigt den Ablauf:

```
int x, y;
x = e.getX();   // Ger\"{a}tekoordinaten
y = e.getY();


double wx = plotter.scaleXR(x);   // Weltkoordinaten
double wy = plotter.scaleYR(y);
```

2.5 Klasse Graphic

Die Klasse Graphic ist als einfacher Rahmen um einen Plotter gedacht. Sie enthält ein JPanel in BorderLayout mit dem Plotter im Zentrum und einem JLabel im oberen Bereich. Dort wird die Statuszeile des Plotters eingetragen. Die Menüs bieten unter anderem die Auswahl zwischen Speichern in einer Bilddatei, Export der Daten in eine Textdatei oder direkter Anzeige.

Diese Klasse soll einen leichten Einstieg bieten, so dass ein Plotter auch ohne Kenntnis der Java-Klassen für grafische Benutzeroberflächen genutzt werden kann. Für anspruchsvollere Anwendungen ist es in der Regel sinnvoll, eine eigenständige Anwendung mit passender Benutzeroberfläche zu entwickeln. Als Mittelweg für eine schnelle Umsetzung ohne hohe Ansprüche bietet die Graphic-Klasse zwei Erweiterungsmöglichkeiten. Zum einen kann man die Menüleiste um weitere Menüs ergänzen:

void addExternMenu(JMenu menu)

Zum anderen kann man Elemente in die Bereiche rund um den zentralen Plotter einfügen. Abb. 2.7 zeigt den Aufbau. Mit den Methoden

void addNorthComponent(Component comp)
void addSouthComponent(Component comp)
void addEastComponent(Component comp)
void addWestComponent(Component comp)

Abb. 2.7 Aufbau der
Darstellung bei Graphic

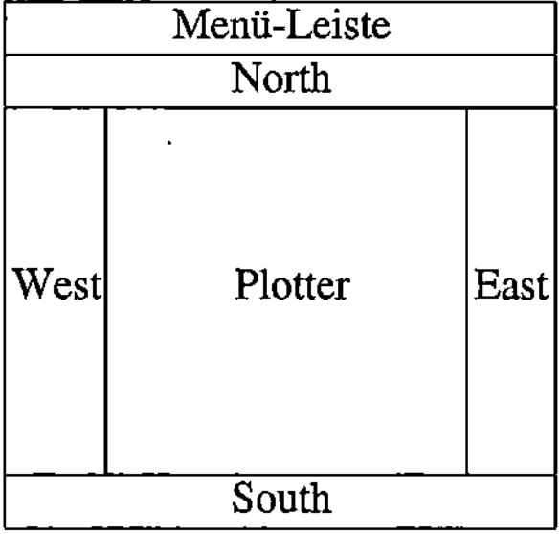

können Komponenten in die jeweiligen Bereiche eingefügt werden.
Im folgenden Code-Auszug

```
JTextField pos = new JTextField("0,_0");
...
plotter.setStatusLine("");
graphic.addNorthComponent(new JLabel("_Position:_"));
graphic.addNorthComponent(pos);
```

werden beispielhaft ein JLabel für eine Beschriftung sowie ein JTextField
als Eingabefeld angelegt. Abb. 2.8 zeigt die resultierende Darstellung.

Im Beispiel *Einfügen von Componenten* auf der Webseite wird diese Möglichkeit
genutzt, um eine einfache Simulation einer Zufallsbewegung zu realisieren.

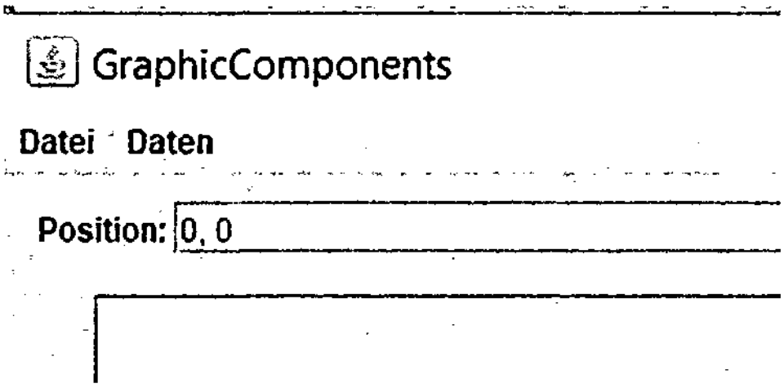

Abb. 2.8 Beispiel mit Ein-
und Ausgaben

Beispiele mit Quell-Code

3.1   LineStyle Demo

Die Abb. 2.5 mit den verschiedenen Stilen zum Zeichnen der Linien wurde mit folgendem Code erzeugt. Dabei wird der Datensatz 0, 3, 9, 0 mehrfach gezeichnet. Mittels eines *Offsets* wird er dabei in x-Richtung verschoben. Die Stile selbst sind in der enum-Klasse LineStyle definiert. Mit einer for-Schleife wird über alle Werte iteriert. Die Stile mit waagrechten Linien sowie der Sonderfall UNDEFINED werden dabei übersprungen.

Listing 3.1 LineStyle Demo

```java
public void lineStyles() {
    Graphic graphic = new Graphic("LineStyle_Demo");
    Plotter plotter = graphic.getPlotter();

        double[] werte = {0, 3,  9, 0};
        double offset = 0;
        plotter.setSymbolSize (10);
        for( LineStyle style : LineStyle.values() ) {
            String name = style.name();
            System.out.println( name );
            if( name.equals("UNDEFINED")
             || name.startsWith("Y")) continue;
            plotter.nextDataSet( name );
            plotter.add( werte );
            plotter.setDataLineStyle(style);
            plotter.setDataColor( Color.BLACK);
```

© Springer Fachmedien Wiesbaden GmbH, ein Teil von Springer Nature 2018   21
S. Euler, *Java üben mit dem Plotter,* essentials,
https://doi.org/10.1007/978-3-658-23347-1_3

```
            DataObject d = plotter.getDataSet(name);
            d.setxOffset(offset);
            plotter.setText(name, offset + werte.length/2., -0.5);
            offset += werte.length;
        }
        plotter.setXrange(0, offset);
        graphic.repaint();
    }
```

3.2   Spirale

In Abschn. 2.3 wurde bereits die Methode sleep() verwendet, um einfache Animation zu realisieren. Ein etwas komplexeres Beispiel für eine Animation zeigt die folgende Schlangen-Spirale:

```
public void textSpirale() {
    Graphic graphic = new Graphic("Schlangen-Spirale");
    Plotter plotter = graphic.getPlotter();
    plotter.setXLine(0);
    plotter.setYLine(0);
    plotter.setXrange(-1.25, 1.25);
    plotter.setYrange(-1.25, 1.25);

    double r = 1;           // Radius
    double delta = 0.1;     // Abstand
    int count = 0;          // Anzahl von "O"-s
    while (r > 0) {
        for (double t = 0; t < 2 * Math.PI; t += delta) {
            plotter.setText("O",
                r * Math.sin(t), r * Math.cos(t));
            r -= 0.1 * delta / 2 / Math.PI;
            graphic.repaint();
            Sleep.sleep(30);
            ++count;
            if (count > 15) {
                // ältestes O durch * ersetzen
                plotter.removeText("O");
                plotter.setText("*",
```

```
            r * Math.sin(t - 15 * delta),
            r * Math.cos(t - 15 * delta));
        }
      }
    }
}
```

Die einzelnen Punkte liegen auf einer Archimedischen Spirale. Die Koordinaten werden gemäß den Parametergleichungen

$$x(t) = a \cdot t \cdot sin(t)$$
$$y(t) = a \cdot t \cdot cos(t)$$

berechnet. Zunächst wird jeder Punkt durch ein O markiert. Sobald 15 Punkte erreicht sind (Variable count), werden die ältesten Zeichen wieder entfernt und durch Sterne ersetzt. Dadurch entsteht der Eindruck einer Schlange, die sich entlang der Spirale bewegt und dabei ihre Bahn markiert. Eine Momentaufnahme der Anwendung zeigt Abb. 3.1.

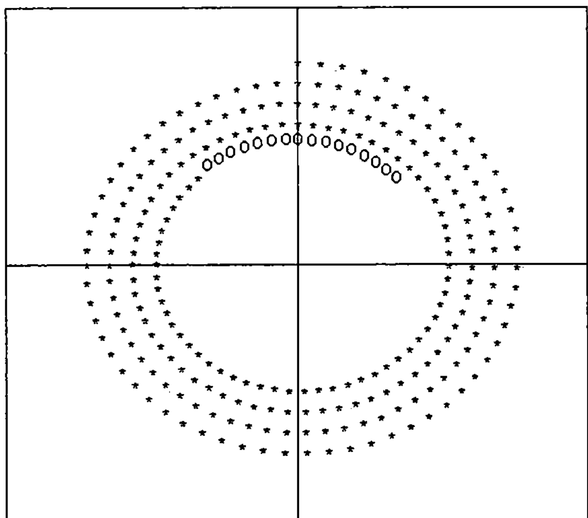

Abb. 3.1 Beispiel Schlangen-Spirale

3.3   Maus Demo

Dieses Beispiel zeigt Koordinaten-Umrechnungen und Möglichkeiten zur Veränderung eines Datenobjektes. Als Anwendung ist die Eingabe eines Funktionsverlaufs durch einzelne Stützstellen gedacht. In der vorliegenden Version werden die einzelnen Punkte als Polygon verbunden. Man könnte die Anwendung erweitern und Interpolationsfunktionen einzeichnen (siehe Übung 4.11). Im Konstruktor (Listing 3.2) wird der Plotter vorbereitet:

- in die Statuszeile wird eine kleine Hilfe geschrieben
- als Zeichenstil wird die Kombination *Linie mit Symbolen* gewählt
- durch die beiden unsichtbaren Punkte $(-1, -1)$ und $(1, 1)$ wird die Zeichenfläche auf den Wertebereich $[-1, 1]$ eingestellt
- schließlich registriert sich die Instanz von `MouseDemo` als Empfänger von Maus-Ereignissen

Wurde eine Maustaste gedrückt und wieder losgelassen wird die Methode `mouseClicked` aufgerufen. Dort wird zunächst die Position des Mauszeigers abgefragt. Die erhaltenen Gerätekoordinaten werden dann in Weltkoordinaten umgerechnet. Zur Vereinfachung wird die Variablen `dO` als Referenz auf das aktuelle Datenobjekt eingeführt. Abhängig davon, ob die linke oder rechte Taste gedrückt wurde, wird dann entweder ein neuer Punkt angefügt oder der nächstgelegene Punkt entfernt. Bei gedrückter Umschalt-Taste wird nach dem Löschen zusätzlich ein neuer Punkt angefügt. Neue Punkte werde immer am Ende der Liste angehängt.

Für die Darstellung als Stützstellen einer Funktion müssen die Punkte in eine aufsteigende Reihenfolge bezüglich der x-Komponente gebracht werden. Diese Aufgabe übernimmt die Methode `sort()` in der Klasse `DataObject`. Diese wiederum ruft die gleichnamige Methode der Bibliotheksklasse `Collections` auf, die ihrerseits die Methode `compareTo` in der Klasse `Point` (Listing 3.3) verwendet.

Listing 3.2 Maus-Demo

```java
public class MouseDemo implements MouseListener {
    Graphic graphic = new Graphic("Mouse");
    Plotter plotter = graphic.getPlotter();


    public MouseDemo() {
        graphic.setDefaultCloseOperation(
            WindowConstants.EXIT_ON_CLOSE);
        plotter.setStatusLine("click:␣left:␣new␣point,"
                + "␣right:␣delete␣,␣shift-right:␣move␣to");

        plotter.setDataLineStyle(LineStyle.BOTH);
        plotter.setSymbolSize(5);
        plotter.add("hidden", -1., -1 );
        plotter.add("hidden", 1., 1 );
        plotter.setDataLineStyle("hidden", LineStyle.HIDDEN);
        plotter.addMouseListener(this);
    }

    public static void main(String[] args) {
        MouseDemo m = new MouseDemo();
        m.graphic.repaint();
    }

@Override
    public void mouseClicked(MouseEvent e) {
        System.out.println(e);
        int x, y;
        x = e.getX();
        y = e.getY();
        System.out.println("Mouse␣released:␣" + x + "," + y);
        System.out.println("#clicks:␣" + e.getClickCount());
        System.out.println("#button:␣" + e.getButton() );

        double wx = plotter.scaleXR(x);
        double wy = plotter.scaleYR(y);
        System.out.println("in␣world␣coord.:␣"
                + wx + ",␣" + wy);
```

```java
DataObject dO = plotter.getDataObject();

if( e.getButton() == 1 ) {
    dO.add( wx, wy );
    dO.sort();
} else {
    Point next = dO.findNext( wx, wy );
    dO.remove(next);
    if( (e.getModifiersEx()
            & InputEvent.SHIFT_DOWN_MASK )
            == InputEvent.SHIFT_DOWN_MASK ) {
        dO.add( wx, wy );
        dO.sort();
    }
}
graphic.repaint();
}


// nicht benötigte Methoden aus MouseListener
public void mouseEntered(MouseEvent e)   {}
public void mouseExited(MouseEvent e)    {}
public void mousePressed(MouseEvent e)   {}
public void mouseReleased(MouseEvent e)  {}
}
```

Listing 3.3 compareTo in Klasse Point

```java
@Override
public int compareTo(Object arg0) {
    Point p2 = (Point) arg0;
    return Double.compare(x, p2.x);
}
```

3.4   Tic Tac Toe

Als Beispiel für das Einbinden von Bildern wurde die Grundversion des Spiels
Tic Tac Toe realisiert. Auf einem 3 × 3-Brett markieren zwei Spieler abwechselnd

Felder. Um den Code übersichtlich zu halten, ist nur eine einfache Steuerung über die Eingabe des Feldindexes implementiert. Listing 3.4 zeigt die Klasse. In der Methode demo ( ) wird zuerst das Feld gezeichnet. Dabei wird jeweils der Index eines Feldes zentral in das Feld geschrieben. Anschließend wartet ein Scanner auf Eingaben. Bei Eingabe eines Feldindexes wird der Text in diesem Feld entfernt und stattdessen ein Bild eingezeichnet. Dabei wird mit jedem Zug zwischen einem Kreuz und einem Kreis gewechselt. Nach drei Zügen erhält man beispielsweise folgendes Bild:

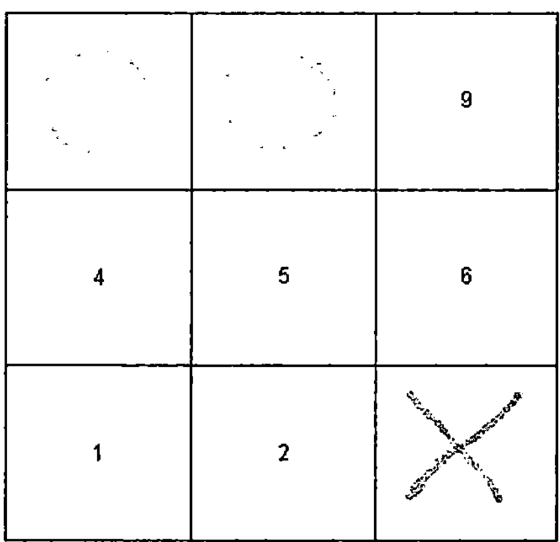

Listing 3.4 Einfaches Tic Tac Toe Spiel

```java
public class TicTacToe {
    Graphic graphic = new Graphic("Tic_Tac_Toe_Demo");
    Plotter plotter = graphic.getPlotter();

    public static void main(String[] args) {
        (new TicTacToe()).demo();
    }

    private void demo() {
        plotter.setRange(1, 4);
        plotter.setPreferredSize(new Dimension(340, 340));
        plotter.setBackground(Color.WHITE);
        graphic.pack();
```

```java
for (int i = 2; i < 4; i++) {
    plotter.setXLine(i);
    plotter.setYLine(i);
}

for (int feld = 1; feld <= 9; feld++) {
    plotter.setText(
            "" + feld, (feld - 1) % 3 + 1.5,
            (feld - 1) / 3 + 1.5);
}

Scanner sc = new Scanner(System.in);
for (int zug = 1; zug <= 9; zug++) {
    System.out.println(">");
    int feld = sc.nextInt();
    String filename = "o_kl.png";
    if (zug % 2 == 0)
        filename = "x_kl.png";
    plotter.removeText("" + feld);
    plotter.setImage(filename,
            (feld - 1) % 3 + 1.5,
            (feld - 1) / 3 + 1.5);
    plotter.repaint();
}
sc.close();
    }
}
```

3.5   Türme von Hanoi

Beim Spiel Türme von Hanoi ist die Aufgabe, einen Stapel von Scheiben von einer Stange A auf eine andere Stange C zu versetzten. Dabei gelten folgende Regeln:

- neben dem Ausgangsstapel A und dem Zielstapel C steht ein Stapel B als Zwischenablage zur Verfügung.
- es dürfen stets nur kleinere auf größeren Scheiben liegen.

- in jedem Zug wird die oberste Scheibe eines beliebigen Stabes auf einen der beiden anderen Stäbe gelegt.

Diese Aufgabe wird oft als Beispiel für rekursive Lösungen verwendet. In der Tat lässt sich die Aufgabe *N Scheiben von A nach C* unmittelbar auf drei Schritte aufteilen:

1. N-1 Scheiben von A nach B
2. unterste Scheibe von A nach C
3. N-1 Scheiben von B nach C

Entsprechend kann die Teilaufgabe *N-1 Scheiben von A nach B* wiederum durch zwei Aktionen für jeweils N-2 Scheiben gelöst werden. Dieses Vorgehen wird durch die rekursive Methode 3.5 implementiert. Die drei Stapelplätze sind hierbei mit 0, 1 und 2 nummeriert und werden durch ein Feld von 3 Stapelspeichern (Stack) realisiert. Mit pop ( ) wird das oberste Element von einem Stapel genommen und mit push ( ) auf das Ziel gelegt.

Listing 3.5 Rekursive Lösung für Türme von Hanoi

```
void ziehe(int n, int von, int nach, int zwischen) {
    if (n > 0) {
        ziehe(n − 1, von, zwischen, nach);
        tuerme[nach].push(tuerme[von].pop());
        ziehe(n − 1, zwischen, nach, von);
    }
}
```

Mit diesem Ansatz entstand die Klasse HanoiStack, bei der ein Plotter zur Darstellung des Ablaufs dient. Die Variable N gibt die Anzahl der Scheiben vor. Im Konstruktor werden die drei Stapelspeicher angelegt und der erste wird mit den Werten $N, N − 1, \ldots, 1$ gefüllt. Für jede Scheibe wird eine Farbe mit zufälligen RGB-Werten erzeugt. Nach jedem Zug wird die Methode zeichnen ( ) aufgerufen, in der die Scheiben auf den drei Stangen als Rechtecke passender Größe gezeichnet werden. Abb. 3.2 zeigt einen Zwischenstand beim Versetzen eines Stapels von 20 Scheiben.

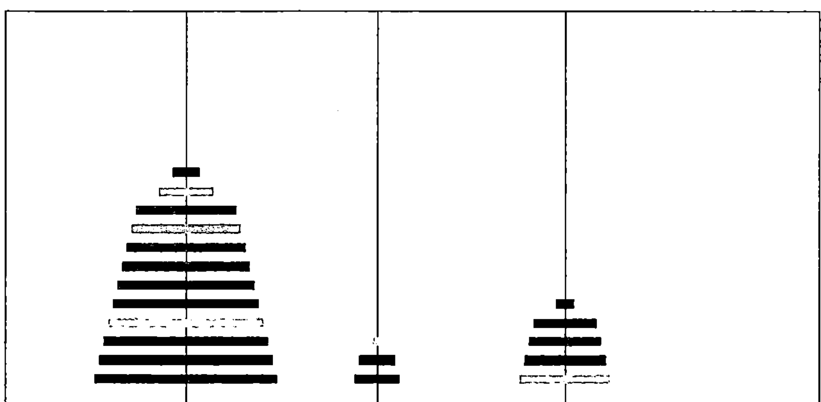

Abb. 3.2 Zwischenstand bei Türme von Hanoi mit 20 Scheiben

Listing 3.6 Türme von Hanoi

```
public class HanoiStack {
    private Graphic graphic  = new Graphic("Türme von Hanoi");
    private Plotter plotter  = graphic.getPlotter();
    private int sleepTime = 300;
    private int N = 5;
    private Stack<Integer>[] tuerme  = new Stack[3];
    private int anzahlSchritte = 0;
    private Color[] colors  = new Color[N];

    public static void main(String[] args) {
        (new HanoiStack()).demo();
    }

    public HanoiStack() {
        graphic.setDefaultCloseOperation(
            WindowConstants.EXIT_ON_CLOSE);
        plotter.setXrange(-N, 3.5 * N);
        plotter.setYrange(0, N + 1);
        plotter.setPreferredSize(new Dimension(800, 400));
        plotter.setDataLineStyle(LineStyle.FILL);
        graphic.pack();
```

```java
        for (int n = 0; n < 3; n++) {
            tuerme[n] = new Stack<Integer>();
        }
        Random r = new Random();
        for (int i = 0; i < N; i++) {
            tuerme[0].push(N - i);
            colors[i] = new Color(
                r.nextInt(255),
                r.nextInt(255),
                r.nextInt(155)  );
        }

for (int n = 0; n < 3; n++) {
            double x = n * (N + 1);
            plotter.setXLine(x);
        }
    }

    void zeichnen() {
        plotter.clearPlotVector();
        for (int n = 0; n < 3; n++) {
            double x = n * (N + 1);
            int s = 1;
            for (int scheibe : tuerme[n]) {
                plotter.nextVector();
                plotter.setDataColor(colors[scheibe - 1]);
                plotter.add(x - scheibe / 2., s++);
                plotter.addD(scheibe, 0);
                plotter.addD(0, .5);
                plotter.addD(-scheibe, 0);
                plotter.addD(0, -.5);
            }
        }
    }

    void ziehe(int n, int von, int nach, int zwischen) {
        if (n > 0) {
            ziehe(n - 1, von, zwischen, nach);
```

```
            tuerme[nach].push(tuerme[von].pop());
            zeichnen();
            plotter.setStatusLine(
                    "Zug_Nr._" + anzahlSchritte);
            graphic.repaint();
            Sleep.sleep(sleepTime);
            ziehe(n - 1, zwischen, nach, von);
            anzahlSchritte++;
        }
    }

    private void demo() {
        zeichnen();
        Sleep.sleep(2 * sleepTime);
        ziehe(N, 0, 2, 1);
    }
}
```

3.6   Ameisen auf Irrwegen

In diesem Beispiel betrachten wir Ameisen, die sich auf einem quadratischen Gitter
bewegen. Eine Ameise blickt in eine der vier Hauptrichtungen. In jedem Schritt
geht sie ein Feld in Blickrichtung. Weiterhin ist jedes Feld entweder Schwarz oder
Weiß. Die Ameise kann nach jedem Schritt ihre Blickrichtung ändern. Dabei kann
sie z. B. die Farbe ihres aktuellen Feldes berücksichtigen. Im Detail ist der Ablauf
in jedem Schritt wie folgt:

1. die Ameise wählt eine neue Blickrichtung.
2. das aktuelle Feld wird umgefärbt (weiß nach schwarz beziehungsweise schwarz
   nach weiß).
3. die Ameise geht einen Schritt.

Je nach Vorschrift zur Wahl der neuen Blickrichtung resultiert ein unterschiedliches
Verhalten. Die nach Christopher Langton benannte Ameise verwendet folgende
Regel:

- weißes Feld: drehe 90 Grad nach rechts
- schwarzes Feld: drehe 90 Grad nach links.

Die Langton-Ameise hat ein interessantes Verhalten. In den ersten etwa 10.000 Schritten bewegt sie sich in einem mehr oder weniger engen Gebiet rund um den Ausgangspunkt. Dann beginnt sie mit dem Bau einer regelmäßigen Struktur, die wie eine Straße von dem Ausgangspunkt weg führt. Von da an durchläuft sie einen regelmäßigen Zyklus von 104 Schritten, in dem die Ameisen-Straße weiter gebaut wird. Abb. 3.3 zeigt das nach etwa 12.000 Schritten entstandene Muster.

Zur Implementierung einer entsprechenden Simulation werden folgende Klassen eingeführt:

- eine abstrakte Klasse Ant mit dem Grundverhalten jeder Ameise
- daraus abgeleitete Klassen mit konkreten Verhaltensweisen
- eine Klasse zur Steuerung der Simulation

Die Verwaltung der Felder soll der Plotter übernehmen. Die wesentlichen Teile der Basisklasse Ant sind in (3.7) dargestellt.

Abb. 3.3 Muster durch Langton-Ameise

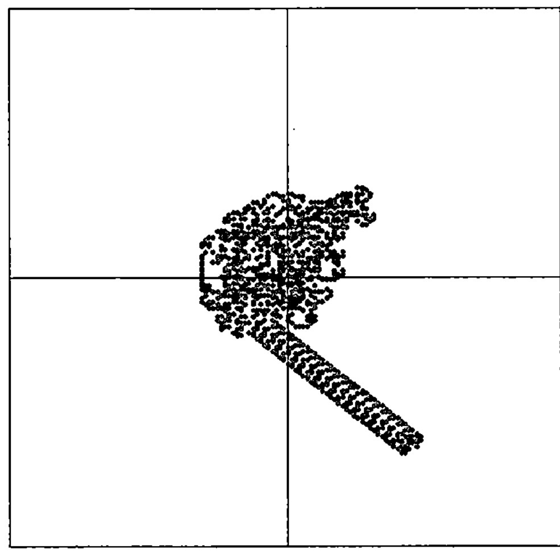

Listing 3.7 Klasse Ant

```java
public abstract class Ant {
    public static final int NORTH = 0;
    public static final int WEST = 1;
    public static final int SOUTH = 2;
    public static final int EAST = 3;

    int direction = WEST;
    int xpos = 0; // Zeile
    int ypos = 0; // Spalte

    abstract int newDirection(Plotter plotter);

    public void step(Plotter plotter) {

        direction = newDirection(plotter);

        DataObject dO = plotter.getDataObject();
        if (dO.contains(xpos, ypos)) {
            dO.remove(xpos, ypos);
        } else {
            dO.add(xpos, ypos);
        }

        if (direction == NORTH) {
            ++ypos;
        } else if (direction == WEST) {
            --xpos;
        } else if (direction == SOUTH) {
            --ypos;
        } else if (direction == EAST) {
            ++xpos;
        }
    }
}
```

Die Methode `step()` führt die drei oben genannten Punkte jedes Schrittes durch.
Der Richtungswechsel ist in eine abstrakte Methode ausgelagert, die jede konkrete
abgeleitete Klasse implementieren muss. Der Plotter hält alle schwarzen Felder in

seinem Datenobjekt. Ist das aktuelle Feld darunter, so wird es herausgenommen. Ist es umgekehrt nicht dabei – d.h. weiß – so wird es hinzugefügt.

Die abgeleitete Klasse Langton (3.8) implementiert den Richtungswechsel. Je nach Farbe des aktuellen Feldes wird dabei die Folgerichtung aus einem der beiden vorgegebenen Feldern gelesen.

Listing 3.8 Klasse Langton

```java
public class Langton extends Ant {
    private int[] left  = { WEST, SOUTH, EAST, NORTH };
    private int[] right = { EAST, NORTH, WEST, SOUTH };

    @Override
    int newDirection(Plotter plotter) {
        if (plotter.getDataObject().contains(xpos, ypos)) {
            return left[direction];
        } else {
            return right[direction];
        }
    }
}
```

Die Simulation selbst ist dann einfach. Nach dem Aufsetzen eines Plotters mit passenden Einstellungen genügt der Code in (3.9) zur Simulation der ersten 12.000 Schritte. Die Variable show gibt dabei vor, nach wie vielen Schritten jeweils die Darstellung aktualisiert werden soll.

Listing 3.9 Ausschnitt aus Klasse Simulation

```java
Ant willy = new Langton();
for (int n = 1; n<12000; n++) {
    willy.step(plotter);
    if (n % show == 0) {
        plotter.setStatusLine("#steps:␣" + n);
        graphic.repaint();
        Sleep.sleep(200);
    }
}
```

Als Alternative zeigt (3.10) eine Ameise mit zufälligem Richtungswechsel. Die Farbe des aktuellen Feldes wird dabei einfach ignoriert. Diese Ameise simuliert dann eine Irrfahrt *(random walk)* auf einem unbeschränkten, zweidimensionalen Graphen.

Listing 3.10 Klasse RandomAnt

```java
public class RandomAnt extends Ant {
    Random random = new Random();

    @Override
    int newDirection(Plotter  plotter) {
        return random.nextInt(4);
    }
}
```

Ausgehend von diesen Klassen lassen sich viele Erweiterungen angehen. Einige Vorschläge dazu:

- implementieren Sie weitere Ameisen
  - die nur einen begrenzten Raum (Quadrat, Kreis) betreten dürfen.
  - mit einer Tendenz zu dem Ausgangspunkt oder weg vom Ausgangspunkt (Ameisen mit Heim- oder Fernweh).
  - die bereits einmal betretene Felder meiden.
- was passiert, wenn man mehrere Ameisen gleichzeitig laufen lässt? Variieren Sie Startpositionen und Anfangsrichtungen.
- Sobald die Langton-Ameise die Phase des Straßenbaus erreicht hat, nimmt die Gesamtzahl der eingefärbten Felder linear zu. Wie ist Zusammenhang bei Zufallsameisen? Lassen Sie dazu die Anzahl der schwarzen Felder (plotter.getDataObject().getCount()) mit zunehmender Schrittzahl in einem weiteren Plotter darstellen.

Aufgaben 4

In diesem Kapitel sind einige Aufgaben rund um Plotter zusammengestellt. Die Koppelung mit dem Plotter sind unterschiedlich stark. Einige Aufgaben befassen sich speziell mit den verschiedenen Möglichkeiten des Plotters. Andere verwenden ihn lediglich zur Darstellung der Ergebnisse und können im Prinzip auch ohne Plotter bearbeitet werden.

4.1 Basis

Übung 4.1 *Kennenlernen des Plotters*
Schreiben Sie eine erste Anwendung des Plotters zum Zeichnen einiger Buchstaben. Das Ergebnis kann z.,B. wie folgt aussehen:

© Springer Fachmedien Wiesbaden GmbH, ein Teil von Springer Nature 2018   37
S. Euler, *Java üben mit dem Plotter,* essentials,
https://doi.org/10.1007/978-3-658-23347-1_4

Als Basis können Sie den Java-Code

```
import java.awt.Color;

import plotter.Graphic;
import plotter.LineStyle;
import plotter.Plotter;


public class THM {

    public static void main(String[] args) {
        Graphic graphic = new Graphic("Logo");
        Plotter plotter = graphic.getPlotter();

        // hier Aufrufe von plotter.add oder plotter.addD
        // zum Zeichnen einbauen

        // Aktualisieren lassen
        plotter.repaint();
    }
}
```

verwenden.

Übung 4.2 *Landesflagge*
Lassen Sie mit dem Plotter eine Landesflagge nach Wahl zeichnen.

Übung 4.3 *Quadrate*
Der folgende Code-Abschnitt zeichnet ein Quadrat mit Seitenlänge 1:

```
// Einige Einstellungen, damit der Plot netter aussieht
plotter.setPreferredSize(new Dimension(500, 500));
graphic.pack();
plotter.setXrange(-10.5, 10.5);
plotter.setYrange(-10.5, 10.5);

double hoehe = 0.5;
plotter.add( -hoehe, -hoehe);
plotter.add( hoehe, -hoehe);
plotter.add( hoehe, hoehe);
plotter.add( -hoehe, hoehe);
```

plotter.add(−hoehe, −hoehe);
graphic.repaint();

Schreiben Sie eine Schleife, um weitere Quadrate der Seitenlänge 2, 3, 4, ... zu zeichnen. Verwenden Sie die Methode `Sleep.sleep(int msec)`*, um nach jedem Quadrat eine kurze Wartezeit einzubauen. Dabei müssen Sie mit dem Aufruf* `graphic.repaint();` *nach jedem Quadrat die Darstellung aktualisieren lassen.*

4.2 Kurven

Übung 4.4 *Einfache Funktionen*
Lassen Sie den Verlauf der Funktionen

- e^x, xe^x, $30e^{-x^2}$, $\frac{\sin 3x}{x}$

im Intervall $[-3, 3]$ *darstellen.*

Übung 4.5 *pq-Formel*
Schreiben Sie ein Programm, das die Lösungen der quadratischen Gleichung

$$x^2 + p \cdot x + q = 0$$

berechnet. Dabei soll q den festen Wert 0,1 haben und p in Schritten von 0,1 von 0 bis 2 laufen. Prüfen Sie jeweils, ob eine reelle Lösung existiert. Falls ja, berechnen Sie die beiden Lösungen und lassen sie mit einem Plotter darstellen. Zur Kontrolle setzten Sie die gefundenen Werte in die Gleichung ein und geben das Ergebnis ebenfalls aus. Im Fall von komplexen Lösungen geben Sie einen entsprechenden Hinweis aus.

Übung 4.6 *Darlehen, 3 Punkte*
Sie nehmen ein Annuitätendarlehen über 100.000 EUR auf. Der jährliche Zinssatz beträgt 4,5 %. Jeden Monate zahlen Sie eine Rate von 500 EUR. Diese Rate beinhaltet zunächst die Zinsen für diesen Monat (4,5/12 auf Restguthaben). Mit dem verbleibenden Rest wird das Darlehen getilgt. Im ersten Monat beträgt der Zins $100000 * 0,045/12 = 375$. Dementsprechend wird das Darlehen um 125 EUR auf 99.875 EUR vermindert. Im zweiten Monat muss dann nur noch für diesen Betrag Zinsen bezahlt werden.

Verfolgen Sie per Programm die Entwicklung des Darlehens. Berechnen Sie dazu jeden Monat die verbliebene Restschuld und geben diesen Wert jeweils aus. Wie lange dauert es, das Darlehen zu tilgen? Wie viele Zinsen werden bis zum Ende insgesamt gezahlt worden sein? Lassen Sie den Verlauf von Darlehen und gezahlten Zinsen mit einem Plotter darstellen.

Übung 4.7 *Collatz-Folge*
Gegeben ist eine positive ganze Zahl n. Dann soll mit diesem Startwert nach folgender Vorschrift eine Folge berechnet werden:

$$n = \begin{cases} n/2 & : \ n \ gerade \\ 3 \cdot n + 1 & : \ n \ ungerade \end{cases} \tag{4.1}$$

Die Folgen erreichen irgendwann den Wert 1 und laufen dann in eine Schleife mit der Folge 1 4 2. Als Beispiel erhält man für den Wert 11:

```
n=11:  34 17 52 26 13 40 20 10 5 16 8 4 2 1
```

1. *Schreiben Sie eine Methode, die für gegebenes n die Anzahl $A(n)$ der Schritte bis 1 zurück gibt (im Beispiel $A(11) = 14$).*
2. *Lassen Sie $A(n)$ als Funktion von n plotten.*
3. *Zählen Sie, wie oft die einzelnen Längen vorkommen und lassen die Häufigkeit als Histogramm darstellen.*

Übung 4.8 *Hasen und Füchse*
In der Wetterau leben Hasen und Füchse. Die Vermehrung hängt von der jeweiligen Populationsgröße ab. Gibt es beispielsweise viele Hasen, finden die Füchse viel Futter und vermehren sich gut. Dann gibt es allerdings viele Füchse und viele Hasen werden gefressen. Ein einfaches Modell für die Entwicklung der Populationsgrößen lässt sich folgendermaßen beschreiben: Sei H die Anzahl der Hasen und F die Anzahl der Füchse. Dann gilt für das Folgejahr

$$H' = H + g * H - f * H * F$$
$$F' = F - s * F + j * H * F$$

mit

$$g : Geburtsrate \, der \, Hasen$$
$$f : Fangrate \, Hasen$$

$$s : Sterberate\,der\,Füchse$$

$$j : Jagderfolg\,der\,Füchse$$

Verwenden Sie die Werte

$$H = 100, \ F = 40, \ g = 0.09, \ f = 0.002, \ s = 0.08, \ j = 0.001$$

1. *Lassen Sie die Zahl der Hasen und Füchse für die nächsten 500 Jahre berechnen und das Ergebnis mit* `Plotter` *darstellen. In der Grafik sollen zunächst die beiden Verläufe einzeln eingezeichnet werden.*
2. *Außerdem soll (entweder im gleichen Fenster oder in einem anderen) der Verlauf als Ortskurve gezeichnete werden, wobei ein Wertepaar (H, F) als Punkt betrachtet wird. Verwenden Sie hierzu die Methode* `add( x, y )` *des Plotters.*
3. *Führen Sie zusätzlich die Bedingung ein, dass es nie mehr als 50 Füchse gibt. Welchen Verlauf erhalten Sie nun?*

Übung 4.9 *Superkreise*
Die Gleichung

$$x^2 + y^2 = 1$$

definiert einen Kreis. Die Verallgemeinerung

$$|x|^n + |y|^n = 1$$

führt zu Superkreisen. Lassen Sie die entsprechenden Kurven für verschiedene Werte von n darstellen. Einige Beispiele für $n = \frac{2}{3}, 1, 2, 2\frac{1}{2}, 10$ zeigt die folgende Abbildung.

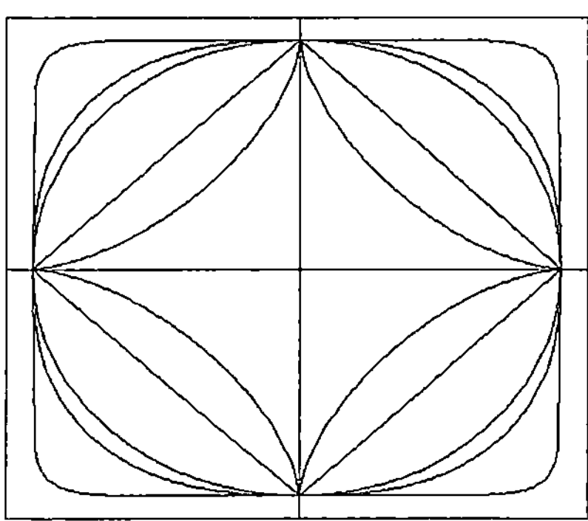

Die Verallgemeinerung

$$\left|\frac{x}{a}\right|^n + \left|\frac{y}{b}\right|^n = 1$$

führt zu Superellipsen oder Lamésche Kurven. Erweitern Sie den Code, so dass auch Werte für a und b eingegeben werden können.

Übung 4.10 *Große Zahlen*
Man kann zeigen, dass es zu jeder Zahl $N = 1, 2, 3, \ldots$ eine Fibonacci-Zahl F_n gibt, die ein ganzes Vielfaches von N ist:

$$F_n \bmod N = 0$$

Verwenden Sie die Klasse BigInteger *für die Berechnung der Fibonacci-Zahlen und ihre Bibliotheksmethoden für Modulo-Rechnung und Vergleich. Lassen Sie für alle Zahlen $N < 1000$ die Vielfachen suchen und die Werte (N, n) mit* Plotter *zeichnen. Welche Muster ergeben sich?*

Übung 4.11 *Interpolation*
Ergänzen Sie die Klasse MausDemo *(Abschn. 3.3), so dass auch Interpolationsfunktionen eingezeichnet werden.*

Übung 4.12 *Dreiecke*
Ändern Sie die Klasse MausDemo*, so dass nur drei Punkte dargestellt werden. Bei einem Maus-Klick soll der nächstgelegene Punkt verschoben werden. Die drei Punkte bilden die Ecken eines Dreiecks. Lassen Sie das Dreieck zeichnen und ergänzen die Darstellung mit Höhenlinien, Winkelhalbierenden, Inkreis, Umkreis, ...*

4.3   Simulationen mit Zufallszahlen

Übung 4.13 *Bestimmung der Zahl π durch Zufallsexperimente*
Bestimmen Sie durch Monte-Carlo-Simulationen eine Näherung für die Zahl π.

1. *Betrachten Sie ein Quadrat der Seitenlänge 1, in dem ein Viertelkreis mit Radius 1 liegt. Die Fläche F_Q des Quadrats ist 1, die des Viertelkreises $F_V = \pi/4$. Damit gilt die Beziehung $\pi = 4 \cdot F_V / F_Q$. Lassen Sie zur experimentellen Bestimmung des Verhältnis F_V / F_Q zufällige Punkte im Intervall $[0, 1; 0, 1]$ erzeugen und zählen, wie viele davon in den Viertelkreis fallen. Zur Veranschaulichung sol-*

len die Punkte in unterschiedlichen Farben in eine entsprechende Darstellung eingetragen werden.

2. *Die Wahrscheinlichkeit, dass zwei natürliche Zahlen n und m teilerfremd sind (d. h. $GGT(n, m) = 1$), beträgt $6/\pi^2$. Bestätigen Sie diese Aussage durch eine Simulation. Lassen Sie dazu Paare von Zufallszahlen erzeugen und zählen, wie oft die Paare teilerfremd sind. Das Ergebnis (d. h. die Konvergenz gegen π) soll mittels Plotter grafisch dargestellt werden.*

Übung 4.14   *Fairer Würfel*

Implementieren Sie auf der Basis der Methode `Math.random()` *eine Würfel-Simulation, die Zahlen zwischen 1 und 6 erzeugt. Zählen Sie in einem Feld entsprechender Größe, wie oft jede Zahl bei 10000 Würfen vorkommt. Lassen Sie die gezählten Häufigkeiten mit Plotter als Histogramm darstellen.*

Übung 4.15   *Spielesimulation*

In einer Freistunde treffen sich 6 Studenten. Aus Langeweile beginnen sie ein einfaches Spiel: Jeder Spieler erhält eine der Nummern 1 bis 6. Dann wird gewürfelt. Der Spieler mit der gewürfelten Nummer erhält einen Punkt. Dann wird immer wieder gewürfelt und die erzielten Punkte pro Spieler werden hochgezählt. Das Spiel ist zu Ende, sobald der erste Spieler 10 Punkte erreicht hat.

Um abzuschätzen, wie viele Spiele in einer Freistunde möglich sind, möchten die Studenten die mittlere Dauer eines Spiels wissen. Minimum sind 10 Würfe (immer die selbe Zahl) und Maximum 55 Würfe (alle 6 Spieler haben 9 Punkte, der nächste Wurf entscheidet).

- *Schreiben Sie eine Simulation des Spieles und lassen den Spielablauf mit einem Plotter darstellen.*
- *Lassen Sie durch wiederholte Durchgänge die mittlere Anzahl von Würfen bis zum Spielende ermitteln.*
- *Wie verteilen sich die Anzahlen über die möglichen Werte 10 bis 55? Lassen Sie die Verteilung in einem Plotter darstellen.*
- *Wie ist das Ergebnis, wenn mehr Punkte zum Gewinn benötigt werden?*

Übung 4.16   *Spielesimulation 2*

Kinder spielen oft eine Variante von Quartett, bei der immer die höhere Karte gewinnt. Simulieren Sie ein ähnliches Spiel nach folgenden Regeln:

- *es gibt insgesamt 52 Karten mit den Werten 1 bis 52*
- *diese Karten werden gemischt und an zwei Spieler/innen verteilt*

- *in jedem Zug werden die beiden obersten Karten verglichen und der Spieler bzw. die Spielerin mit dem höheren Wert gewinnt beide Karten und legt sie unten wieder an*
- *das Spiel endet, wenn ein Spieler oder eine Spielerin keine Karten mehr hat oder eine vorgegebene Anzahl von Zügen erreicht wurde (z. B. 100).*

Zeigen Sie mit einem Plotter den Spielerlauf (die Anzahl der Karten pro Spieler/in).

4.4   Felder

Übung 4.17 *Min-Max*
Im folgenden Code wird ein Feld mit zufälligen Werten gefüllt:

```
int  anzahl = 10;
double[]  werte  = new double[anzahl];

for( int  i=0;  i<werte.length;  i++) {
    werte[i] = Math.random();
}
```

Geben Sie zunächst die Werte im Feld aus. Lassen Sie dann aus diesem Feld folgende Größen berechnen:

- *Mittelwert*
- *kleinster Wert*
- *größter Wert*

Hinweis: `Double.MAX_VALUE` *ist die größte Zahl im Datentyp* `double`.
Die Werte und gefundenen Grenzen sollen schließlich grafisch dargestellt werden. Ein Beispiel:

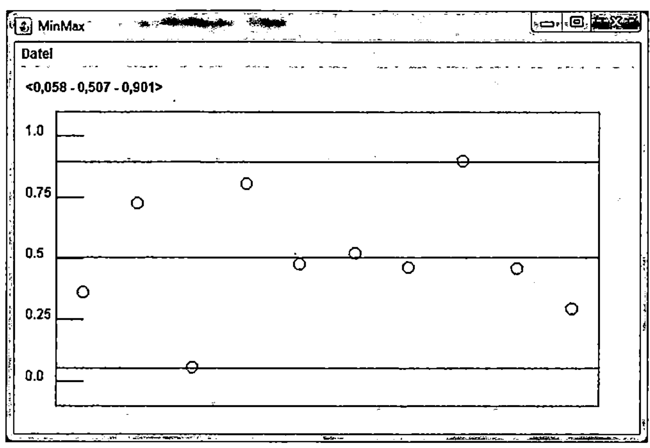

Übung 4.18   *Plotter 2D*

Lassen Sie ein Feld mit Beschriftungen ähnlich zu
   auszugeben.

a7	b7	c7	d7	e7	f7	g7	h7
a6	b6	c6	d6	e6	f6	g6	h6
a5	b5	c5	d5	e5	f5	g5	h5
a4	b4	c4	d4	e4	f4	g4	h4
a3	b3	c3	d3	e3	f3	g3	h3
a2	b2	c2	d2	e2	f2	g2	h2
a1	b1	c1	d1	e1	f1	g1	h1
a0	b0	c0	d0	e0	f0	g0	h0

Übung 4.19 *Plotter Matrix*

Schreiben Sie – ausgehend von der Lösung zu 4.18 – eine Methode, um ein zweidimensionales Feld von int*-Werten zwischen 0 und 9 darzustellen.*

1. *Füllen Sie ein Feld (Vorschlag Größe 8 × 8) mit zufälligen Zahlen.*
2. *Lassen Sie die Werte darstellen.*
3. *Lassen Sie in einer Schleife immer wieder neue Werte berechnen und darstellen. Tipps:*

- *plotter . removeAllText (); löschte alle Textobjekte.*
- *Sleep . sleep (500); lässt die Anwendung für 500 ms schlafen.*
- *ersetzen Sie den Wert 0 durch einen Punkt o. ä.*

4. *Implementieren Sie einen Algorithmus, um die Matrix wie im Gauß-Verfahren in eine Stufenform zu bringen.*

9	.	1	5	5	1	2	1
8	7	7	8	6	2	3	7
1	.	6	6	3	8	7	.
4	8	1	9	6	3	7	.
1	.3	.	7	5	4	1	1
2	3	4	1	6	9	.	3
3	7	2	.	4	2	7	7
3	3	8	5	9	5	.	1

Übung 4.20 *Damen*

Im Schachspiel ist die Dame die stärkste Figur. Sie kann in alle Richtungen horizontal, vertikal und diagonal beliebig weit ziehen.

1. *Schreiben Sie eine Methode, um eine Dame auf ein Feld eines Schachbretts zu setzen. Alle von der Dame erreichbaren Felder sollen auf den Wert 1 gesetzt werden.*
2. *Lassen Sie das Feld darstellen. Beispiel:*

```
. . 1 . . . . .
. . 1 . . . . 1
. . 1 . . . 1 .
. . 1 . . 1 . .
1 . 1 . 1 . . .
. 1 1 1 . . . .
1 1 1 1 1 1 1 1
. 1 1 1 . . . .
```

3. *Lassen Sie in einer Schleife immer wieder neue Positionen berechnen und darstellen.*
4. *Für eine schönere Darstellung können Sie z. B. das Damen-Symbol aus Unicode verwenden (siehe* Dame Unicode Demo *auf Webseite).*
5. *Platzieren Sie mehrere Damen auf dem Feld. Bei den Feldern soll jetzt angezeigt werden, wie viele Damen sie jeweils erreichen können.*
6. *Auf ein N × N-Brett kann maximal N Damen stellen, ohne dass eine davon eine andere schlagen kann. Finden Sie die entsprechenden Lösungen.*

Was Sie aus diesem *essential* mitnehmen können

- Wie man in Java-Anwendungen mit dem Plotter grafische Darstellungen erzeugen kann
- Wie die Darstellungen mit Farben, Schriftarten, Bildern, etc. verfeinert werden können
- Wie Animationen von Simulationsverfahren oder Algorithmen erstellt werden können

© Springer Fachmedien Wiesbaden GmbH, ein Teil von Springer Nature 2018

S. Euler, *Java üben mit dem Plotter,* essentials,
https://doi.org/10.1007/978-3-658-23347-1